天 山 詩選 145
최 창 열 제2시집
꽃이 피는 소리
한기 10962
한웅기 5923
단기 4358
공기 2576
불기 2569
서기 2025
도서출판 天山

꽃이 피는 소리
최 창 열 제2시집

上元甲子
8937
+2025
10962
5923
4358
2576
2569
2025

도서 출판 天 山

<시인의 말>
'꽃처럼 곱게 살고싶어…'
──최창열 제2시집 '꽃이 피는 소리'를 내며

'나는 누구인가? 시란 무엇인가? 무엇 때문에 시를 써야 하는가?'

눈물을 흘리면서 밤길을 걷던 시절을 떠올려본다.

늦게사 시집 출판 원고를 정리하다가 산에 올라, 초가을 오후의 하늘에 조용히 밀려오는 황혼빛을 받으며, 이렇게 부질없는 思索에 잠긴다. 한 포기 들국화가 되어서.

<自 序>

'천 사람이 한 번 읽는 시보다, 한 사람이 천 번 읽는 시를 쓰자.'고 한 누군가의 말처럼 진실한 시 한 줄을 쓰기 위해 밤을 세워야 한다고 생각하던 옛날과는 달리, 게으름을 피우는 외도를 하고 있어 안타깝기도 하다.

    그러나 樂天觀을 禮讚하지도 않으면서도, 이가을에 시를 쓰면서, 꽃처럼 곱게 살고싶어지는 이유는 무엇 때문인가?

    출판에 이어 잔손까지 봐주신 申世薰 이사장께 진심으로 고마운 인사 드린다.

2024. 가을. 우장산 기슭에서.

陶艾 崔 昌 烈

차 례 ──────────────

최 창 열 제2시집
꽃이 피는 소리

시인의 말/ '꽃처럼 곱게 살고싶어…'/ 최 창 열/ 4

제1부/ 땅 뺏기

땅 뺏 기/ 17

들꽃이 되리/ 18

아   침·1/ 19

아   침·2/ 20

산·1/ 21

산·2/ 22

산·3/ 23

제2부/ 색소폰 연주를 들으며

색소폰 연주를 들으며/ 27

사 랑 은/ 28

산은 산이요, 물은 물이다/ 29

봄/ 30

별들의 노래와 춤/ 31

바다와 나/ 33

바람이야기/ 34

최 창 열 제2시집
꽃이 피는 소리

차 례

제3부/ 은행나무밑에서

어 머 니·1/ 37
어 머 니·2/ 39
은행나무밑에서/ 40
顯忠院에서/ 41
홀로서기/ 42
푸른나무를 보며/ 43
푸른들판에서/ 44
일요일 아침·1/ 45
일요일 아침·2/ 46
애비의 고백/ 47

제4부/ 첫눈이 내리는 날

우리들은 하나/ 51
아침의 말소리를/ 52
없   다/ 53
클로버 사랑/ 54

차 례 ───────────

최 창 열 제2시집
꽃이 피는 소리

첫눈이 내리는 날/ 55
자 석 은·1/ 56
자 석 은·2/ 57
쥐/ 58
죽 음 은/ 59
상　　실/ 60

제5부/ 시간의 끝줄을 잡고

슬픈 날/ 63
술취한 사람/ 64
슬픈 날에는/ 65
얼　　굴/ 66
에델바이스/ 67
새벽기도/ 68
사　　랑/ 69
오후의 거리에서/ 70
이 밝은아침에/ 71
시간의 끝줄을 잡고/ 73

최 창 열 제2시집
꽃이 피는 소리　　　　　　　　　차　례

제6부/ 보이지않는 門

숲속에서 · 1/ 77
숲속에서 · 2/ 78
비오는 날 · 1/ 80
비오는 날 · 2/ 81
비오는 날 · 3/ 82
오늘의 일기/ 83
離　鄕/ 84
이 밤 에/ 85
氷　魚/ 86
보이지않는 門/ 87

제7부/ 千 里 花

봄의 序情/ 91
눈　물 · 1/ 92
눈　물 · 2/ 93
요즈음은 · 1/ 94
요즈음은 · 2/ 95

차 례 ─── 최 창 열 제2시집
꽃이 피는 소리

오늘을 본다/ 96
여인 일기/ 97
千里花/ 98
車中에서/ 100
눈물속에는/ 101

제8부/ 너는 왜?

나/ 105
손흔들어 불러도/ 106
죽음을 기다리며 사는 사람에게/ 107
제자리 찾기/ 108
죽지도 못하는 시계/ 109
비틀거리는 사람들/ 110
백지를 보며/ 111
보 문 산/ 112
너는 왜?/ 113
눈물이 난다/ 114

최 창 열 제2시집
꽃이 피는 소리

차 례

제9부/ 다시 태어나면

눈을 감고/ 117

명퇴 아빠/ 118

마음 비우기/ 119

墓　碑/ 120

默　想/ 121

默　念/ 122

暮　日/ 123

다시 태어나면/ 124

너　는/ 125

말없는 가로수여/ 126

차 례 ────────────────

최 창 열 제2시집
꽃이 피는 소리

제10부/ 나는 누군가

내일은 없다/ 129

나는 누군가 · 1/ 130

나는 누군가 · 2/ 131

나는 누군가 · 3/ 132

나는 누군가 · 4/ 133

나는 누군가 · 5/ 134

나는 누군가 · 6/ 135

나는 누군가 · 7/ 136

눈감으면 보이는/ 137

내 고 향/ 138

눈   물/ 139

내가 두려운 것은/ 141

나   는/ 142

나를 본다/ 143

눈/ 144

네거리에서/ 145

최창열 제2시집
꽃이 피는 소리 ——— 차 례

제11부 / 가슴 답답한 날

꽃·1/ 149
꽃·2/ 150
꽃·3/ 151
꽃·4/ 152
꽃·5/ 154
祈 禱·1/ 155
祈 禱·2/ 156
祈 禱·3/ 157
관광 버스 안에서/ 159
그 리 움·1/ 160
그 리 움·2/ 161
가을밤에/ 162
가슴 답답한 날/ 163
길/ 164
강/ 165
가 을/ 166

차 례 ───────────────── 최 창 열 제2시집
꽃이 피는 소리

제12부/꽃이 피는 소리

가로수가 웃고있다/ 171

고난을 받을 때/ 172

골　　목/ 173

공원 산책/ 174

꽃 이 여/ 175

꽃이 피는 소리/ 176

구름위에서/ 177

그리운 얼굴이여/ 178

그리운 그대여/ 179

기다리는 법/ 180

시집 평설/**한 송이 들꽃의 존재론**/강 서 일/ 181

제1부 ———————————————— 땅뺏기

땅 뺏 기
들꽃이 되리
아　　침 · 1
아　　침 · 2
　　산 · 1
　　산 · 2
　　산 · 3

땅 뺏 기

온종일 너와 싸우며 땅뺏기를 하다가
때로는 울기도 하다가
해질녘 빼앗은 땅 그대로 두고
집으로 돌아왔지

달밤이 되어 아무도 모르게 나가
빼앗은 땅을 확인하지만
경계선은 없고, 눈물만 보였지

세상은 다 그런 것
별을 보면서 하하하 웃는다

오늘밤은 왜 이리 편할까?

들꽃이 되리

한강 고수 부지를 걷다가
우연히
흙먼지 뒤집어쓴 개망초꽃을 보고
눈물 흘리는 사람이 있을까.

홀로 피어나
웃고있는 순수앞에서
웬 일일까.
눈물이 나는 것은
하하하 웃어야지

옆에 두고도 가까이 가지 못하는
말없는 사랑처럼
말없이 흐르는 저강물처럼
눈물은 가슴속에 묻어버리고
너를 닮아
바람에 흔들거리는
꽃이 되리

별빛을 먹으며 사는
들꽃이 되리

아　침·1

신새벽
창가에 찾아와
아침인사를 하는
이름모를 새

'사랑하라고, 감사하라고, 기도하라고.'

창밖을 내다본다
너처럼 자유롭게, 영원한 안식처로 날아간다
나는

신새벽
구름을 타고

아 침·2

가만히 들어보십시오
조용한 일요일아침
햇살과 함께
마당에 떨어지는 새들의 이야기를
모짤트의 노래를

가만히 보십시오
새들의 아침 이야기가
하이얀 목련꽃속으로 들어가
모짤트의 노래로
피어나는 것을

새처럼 날아보십시오
빈가슴으로
새들의 이야기를 노래부르며
맑은 봄하늘을 향해서
영혼의 새가 되어서

조용한 일요일아침
멀리 성당의 십자가가
햇빛에 눈부시다

산 · 1

산은
저마다
제 나이만큼의 무게로
물들고있다

말없이
아무말도 없이

산은
춤을 추고있다

옷을 벗으며

산 · 2

너를 찾을 때마다, 너는 항상 말없이 미소만 지었다. 어제보다 젊어져 나를 반겨주고, 안아주고, 넘어질라 조심하라 손을 잡아주었다.

사랑이 넘쳐나는 너와 얘기를 나누며, 너처럼 젊어지는 법을, 아름다운 마음을 배우겠노라며, 오늘도 산을 오르는 사람들은 모두가 계산되지않은 사람들이다.
다만 좋은 햇살을 받으며 감사하며 산을 오른다.

바위에 걸터앉아 잠시 쉬고있는데, 생각하는 나무에 수많은 사람들이 매달아 놓은 꿈이 손을 흔든다.
사막처럼 건조해진 나도, 꿈열매를 매달고 하늘을 본다.

'사랑하기 어려운 사람을 사랑하라.'

말씀이 들려온다.

산 · 3

늦은 어느 가을날

아무말없이
옷을 벗고 있는 산

빨간 속살로 춤을 추는 산
바닷물속으로 뛰어드는 산

'아름다움은 말없음이라고'

수10 수만 개의 손으로
모든 인연을 감싸안는 산

산은
구름속으로 신혼 여행을 떠나며
손을 흔든다
학의 날개를 달고

제2부 — 색소폰 연주를 들으며

색소폰 연주를 들으며
사 랑 은
산은 산이요, 물은 물이다
봄
별들의 노래와 춤
바다와 나
바람이야기

색소폰 연주를 들으며

한 밤중
웬 일일까?

누군가 들려주는
색소폰 연주를 들으며
그대 그리워 눈물이 나네
가을에 떨어지는 알밤처럼

아픔으로 파고드는
멀리 떠난 그대 목소리
애절한 소리

눈물이 나네

사 랑 은

아름다운 사랑은
6월의 빨간 장미꽃이 피었다 지듯
소리없이 자기 자신을 다 바치는 것

나를 버리고
당신을 위한 노래를 부르며
조용히
고뇌의 어둠속으로 들어가는 것

펄펄 끓는 기름가마속같은
어둡고 험한 세계에서도
아픔을 함께 하는 것
감사하며 기도하는 것
당신을 위해

사랑은

산은 산이요, 물은 물이다

나는 나요
너는 너가 아니다
나는 너요
너는 나다

순간 순간
가슴에 대못박는 일 하지 말고
마음 비우면
보이는
성철 스님의 말씀

'산은 산이요, 물은 물이다.'

봄

수천 수만 개
팥알만 한 젖꼭지를 달고

수줍어
저만치서 숨어 있는 너

봄이여

별들의 노래와 춤

'세종 문화 회관' 소강당에는
별들이 흰눈처럼
내려오고 있다

고요한 음률이 흐르는 사이

순이 석이 옥이 별
고향의 별들이 내려오고 있다
이 티($E.T$)도 어느 사이 내려와
별들과 같이
피아노 소리에 맞춰
춤을 추고있다

사람들과 일제히 무대위로 올라가
춤을 춘다

잠자던 꽃들도 새들도
벌나비들도 날아와
축복을 더해준다
　　　　＜

갑자기 피아노 소리가 멈추자
별들이 보이지않았다

적막이 흐른 다음
꽃들의 노래소리와 함께
피아노 소리가 다시 들리자
누군가가 별들을 찾으러 가자고했다

얼마나 시간이 지났을까
별들이 흰눈처럼
다시 내려오고있다

사람들은
다시는 무대위로 나가지않았다
조용히 앉아서
아름다운 별들의 노래와 춤을 보았다

은혜가 충만한 시간이다

바다와 나

바다는
커다란
레코드 판

나는
그 한가운데
외로운
작은 섬

푸른노래
푸른춤
푸른꿈

먹으며
산다

바람이야기

바람따라 노래하며 춤추는
나무와 꽃과 풀을 보고
빨가숭이 새와 곤충과 산짐승들을 보고

산길을 걸으며 나를 보고
잊었던 친구의 이름도 불러보고

물이 흐르듯 웃고 살자며 손가락을 걸고
산을 닮아 말없는 사랑을 하자고
밤하늘의 빛나는 별을 보고

삶의 아름다움을 본다
바람이야기를 듣고

제3부 ──────────────── 은행나무밑에서

어 머 니·1
어 머 니·2
은행나무밑에서
顯忠院에서
홀로서기
푸른나무를 보며
푸른들판에서
일요일 아침·1
일요일 아침·2
애비의 고백

어머니 · 1

어머니
마지막 몸부림치는
겨울나무잎새처럼
떨고있습니다
눈물을 흘리고있습니다

어머니
저승에 가시고도
마음에 늘 살아계신 듯
밤마다 타이르시더니,
오늘 밤은 왜
말씀이 없으신가요?

이렇게 눈물 흘리던 날에는
시 한 줄을 위하여
가슴으로 우시던
어머니

한 송이 겨울꽃 꺾어들고
머언 눈밭길 달려와

내 방에 계신
어머니를 본다

어머니·2

어머니
한 밤중 마지막 몸부림치는 겨울나무잎새처럼 떨고있습니다
눈물을 흘리고있습니다

하늘나라 가시고도 마음에 늘 살아계신 듯
밤마다 조용히 타이르시더니
오늘밤은 왜 말씀이 없으신가요
어머니

이렇게 눈물 흘리는 날에는
시 한 줄을 위하여 눈물흘리는구나 하시며
가슴으로 우시던 어머니

한 송이 겨울꽃 꺾어들고
머언 눈밭길 달려와
눈물을 닦아주시던 어머니

깜짝 놀라 눈을 떴다

새해 복많이 받으세요
어머니

은행나무밑에서

노오란 은행잎이 융단처럼 깔려있는 은행나무

말없이 눈을 지그시 감은 채
수10만 장 사랑눈물 편지로 떨어지는
노오란 은행잎들
지난날 모든 고뇌를 잊어버리고
감사하며 또 감사하며
알몸으로 나에게 다가오는가?

나만 잘되길 바라면 운이 돌아선다는 누군가의 말처럼
모두를 용서하고 모두를 사랑하는 마음으로
자랑스럽던 잎을 다 떨구는
너의 기도는 아름답구나

나를 떠난 사람들이 돌아온 것같아
눈물이 나는구나

顯忠院에서

늦가을 오후
회색구름이 마음처럼 무겁게 떠있다

나는 過積車輛이 되어
낙엽을 밟고 서있는데
이름모를 새들이
갈길을 잃은 듯 지저귀고 있다
내 마음을 읽은 듯
젊은 靈魂들이
손을 잡아끈다

가을비를 맞으며
墓碑를 안고 말없이
눈물짓는 한 여인을 보다가 잠시
눈을 감는다

追慕曲 나팔소리가 은은히
울려퍼진다

새생명을 위함인가,
눈을 감는다

홀로서기

저주의 눈으로 바라보지 마세요
사람의 몸은 병의 온상
웃으세요
황야에 푸른바람이 불어오느니

삶과 죽음은 아름다운 것
마음속 향기없는 들꽃 키우시네요 그리고
기도하시네요

찬바람이 훈훈하게 느껴지는 날
그대 나를 용서하는 날
황야에 물이 흐르는 날

눈물 거두고
홀로서기 하시네

푸른나무를 보며

지난 가을부터인가
이름모를 병이 돋아 시름시름 앓다가 너는
눈을 감았지
그러나 아무도 슬퍼하지않았지
모두가 깊이 잠들고있던 때니까

그러나 푸른나무여
다시 살아와 수많은 아픔 깊이 감추고 너는
깃발을 흔들고있나
작은 잎새들의 순수한 반항인가 웃고섰다

네 품속으로 찾아드는 새들의 소리를 들으며
이세상 모든 것은 소중하고 감사하다는 엉뚱한 생각을 하면서
하루의 창문을 닫는다

아픈 가슴도 닫는다

푸른들판에서

씩씩거리며 할딱거리며
황홀한 달리기를 얼마나 했을까
쓰러져 네 품속에서 잠을 잔다

부드러운 너의 살결
향긋한 너의 숨결
여기는 숨겨진 푸른물속의 궁전인가
풀잎의 노래는 어김없이 나를 꿈속으로 끌어들인다

생명을 잉태하는 푸른잔디위에서
바람도 없고 오직 온유함만이 존재하는 캄캄한 비밀의 온실에서
꿈을 꾸던 나는 새싹처럼 눈을 뜨고 일어나 하늘을 본다

푸른들판이여
순결함으로 누워 영원을 살아가는 어머니여

일요일 아침·1

눈을 떴다
온통 벽이 초록색이다
눈부시지않는 어린눈에만 보이는
만져지지않는 빛

마당으로 나갔다
봄이 오는 소리가 들린다

'여보세요.'
'얻어먹을 수 있는 힘만 있어도 그것은 주님 은총.'
오웅진 신부가 웃으며하는 말이다

웬일일까
어젯밤 별처럼 반짝이던
교회 십자가 두 개가
하나만 보인다

   *吳雄鎭(1944~)신부. 충북 음성 꽃동네 설립.

일요일 아침 · 2

조용히 귀기울여 들어보십시오
햇살과 함께 창가 마당에 떨어지는 새들의 이야기를

가만히 보십시오
새들의 이야기가 조용히 하얀 목련꽃속으로 들어가
모찰트 노래로 살아나오는 것을

오늘 사랑 가득한 당신의 순진한 마음으로
새들 이야기 모찰트의 노래 부르며
파아란하늘 흰구름타고 영혼의 새가 되어 날아오네요

일요일 아침
성당의 십자가
햇빛에 눈부시다

애비의 고백

비에 젖은 낙엽을 보고도
눈물이나 흘리는 애비의 마음을
아무도 모른다고 했다

비온 뒤에 땅은 굳는다는데
술이나 먹고 눈물이나 흘리는 바보라고
내일을 잃어버린 바보라고
땅을 쳤다

위대한 건설을 위해 위대한 파괴를 해야 한다는데
자기 한 몸 던지지도 못하는 바보라고
땅을 쳤다

밤거리를 서성이는 어느 애비의 고백이 아니라
바로 나의 고백이다
나는 고개를 숙이고 슬그머니 자리를 떴다
사랑하는 딸의 그림을, 눈물같은 그림을 가슴에 안고

눈물같은 그림
진실·소망·사랑이 담긴 그림을 그려달라고

누군가에게 소리소리 지르며
땅을 쳤다

칠흙같은 어둠속에서
딸이 웃고있다

제4부 ─────────── 첫눈이 내리는 날

우리들은 하나
아침의 말소리를
없 다
클로버 사랑
첫눈이 내리는 날
자 석 은 · 1
자 석 은 · 2
쥐
죽 음 은
상 실

우리들은 하나

당신은 말합니다

누구에게나 축복하라
축복이 축복을 낳는다
누구에게나 감사하라
감사가 감사를 낳는다

나는 나에게 말합니다

나를 축복한다며
나를 감사한다며
그리고
눈감아 당신의 얼굴을 봅니다

줄로 매어있는
너와 나

당신의 소망안에서
축복과 감사를 주고받는
우리들은 하나

아침의 말소리를

일어나 들으셔요
햇살과 함께 퍼지는
아침의 명령을

목련꽃이 피는군요
새들이 무어라 지껄이는군요
향기로운 푸른바람이 부는군요

고개를 들어 푸른하늘을 보셔요
그리고 숨겼던 웃음 크게 한 번
웃어보셔요
우리에 갇혀 살면서 기계소리에 찌들려온
귀도 열으셔요

큰소리는 큰소리가 아님을
작은소리가 오히려 큰소리임을

조용조용히 일어나 들으시오
아침의 말소리를

없 다

금빛가을 들녘에 서서
생각해 본다

내가 뿌린
씨앗은 무엇이었던가
말은 무엇이었던가
생각은 무엇이었던가
사랑은 사랑이었던가

가을들판이 하하하 웃고있다

가을바람은
나를 잡아 흔들며
귀 좀 달라고했다

나는 고개를 끄덕일 뿐
할 말이 없다

클로버 사랑

클로버 세 잎은
밤이면 밤마다 참사랑을 한단다
하나가 된단다

얼굴 비비며 껴안고 서로가 위로를 하며
울다간 흰나비를 위해 기도를 하며
고요한 밤 별들의 꿈이야기를 들으며

오늘도 변함없이
소곤소곤 사랑잠을 잔단다, 그대와 함께 사랑꿈을 꾼단다
클로버 세 잎은, 나는

첫눈이 내리는 날

오시네요, 오시네요
아버지 어머니 나라
하늘에서 흰눈이 내리네요
소리없이

잊었던 세월만큼이나
부끄러운 아픈 가슴 덮어주려
흰눈이 오시네요

아버지 · 어머니
당신의 따뜻한 사랑인 것을
나는 아네요
눈물이 나네요

새들이 저녁때가 되어
보금자리로 돌아오는 지금
축복같은 첫눈이 오시네요
소리없이

자식은·1

젊어서 때려보지 못한 자식을
늙어서 손지검을 하고
속눈물을 흘리며 집을 나와
한강 고수 부지를 뛰어보지만
아픈 가슴만 더 무겁다

비둘기 수10마리 놀란 듯
둥지를 찾아가는가
황혼속으로 사라지는데
말없이 눈물이나 흘리고있다

무언가 자식은

발끝에 차이는 돌 한 개
반갑다

자식은 · 2

자식은 소중한 보물입니다
때로는 눈물 흘릴 일 생기고
자식한테 질책받는 일 있어도 눈물 흘리지 말고
부끄러워 감쌀 줄 아는 부모이어야 합니다

사랑과 아름다움은 아픔인 것을
미움은 미움으로 끝나는 것이 아님을
미움이 사랑으로 변신하는 것임을
깨우쳐주는 부모이어야 합니다

죽음은 죽음이 아니고 영원한 삶
자식의 가슴속에
조용히 살아남는 부모이어야 합니다

쥐

쥐란 놈은
내 생각을 훨씬 뛰어넘어
쥐포를 먹어버렸다

쥐 뽄드를
그 놈이 잘 다니는 길목에 놓았더니
신문지를 뜯어다가 뽄드 위에 깔고
한 걸음 한 걸음
웃으며 넘어가고 있었다

쥐포를 맛있게 먹으며
나를 보고 웃고있다

죽음은

사람은
누구나 죽는다
순서가 없다

대신할 수도 경험할 수도 없는 죽음은
아무것도 가져가지 못한다고들 말한다

그러나
죽음은 끝이 아니라
하나의 과정이다

그대와 동행하는 영원한 삶
죽음은

상 실

무슨 일에나 이기려고
목에 힘주고 어깨에 힘주면
지는 법이라는데

때로는 강한 쇠가 부러지는 것처럼
정에 찍힌 바위가 갈라지는 것처럼

강한 바람에도 쓰러지지않는 갈대나
미움을 받는 잡초나
고무줄같은 민중들은
이기려 할 줄을 모르고
다만 순종하는 진리를 익히며 사는데

우리들은
겸손과 침묵의 아름다움을
상실한 채
오늘을 살고있다

나는
누군가?

제5부 ─────────────── *시간의 끝줄을 잡고*

슬픈 날
술취한 사람
슬픈 날에는
얼　굴
에델바이스
새벽기도
사　랑
오후의 거리에서
이 밝은아침에
시간의 끝줄을 잡고

슬픈 날

어머니가 돌아가셨을 때도
오늘처럼
이렇게 뜨거운 눈물을 흘렸을까

세상은 다 눈물이 있다지만
이 나이에 흘리는 눈물이
너무나 아프구나

바람도 울면서
창문을 두드리는 밤

아무도 모른다
나만이 아는
나만의 슬픔을

인연이 풀린 사람들

소리쳐 불러본다
어머니

술취한 사람

다 내 탓이라며 소리소리 지르고
손을 흔들더니,
컴컴한 시멘트 길바닥에 맥주병처럼 누워서
별을 보며
노래를 부른다

교황은 말했던가
'행복은 다운받는 앱 아니다.'
행복은 스스로 노력하며 만들어 가야한다고

'집은 어디일까?'

하이얀 눈이
소리없이 내린다

슬픈 날에는

가을비가 주룩주룩 내리는 밤
나는 누구인가 생각하다가
슬프다

가로등마저 말이 없고
비를 맞으며 눈물도 흘리다가 허공에 발길질도 하다가
그대 얼굴을 떠올려본다
슬픈날에는

바위가 갈라지는 아픔을 알 수는 없다
나는 나를 잃어버리고
이렇게 밤길을 걸을 뿐이다

슬픈 날에는

얼 굴

내가 늙지않았다고 생각하는 것은
늘 내 얼굴을 보아왔기 때문일까?

등불같은 맑은 눈으로
나를 보면서
마음의 얼굴을 보면서
살아야 한다는데

나는 누구인가?

한 밤중
빨간 십자가에 매달린
얼굴들을 본다

에델바이스

어느 소녀의
영혼을 위한 간절한 기도소리인가?

감사한 마음으로
대지에 떠오르는 태양을 보아라
우리의 삶은 그리움으로 끝나지않는 햇빛
서글픈 음악은 떠나라

풀밭에서
색소폰 연주를 들으며
엉뚱한 생각을 하는 나

술 한 잔 나누던 친구
그는 어디서
에델바이스 노래를 부르고 있을까?

새벽기도

새벽에 일어나
거울속의 나를 보고
기도를 한다

눈을 감고
어둠속의 나를 보고
기도를 한다

빛나는 별
달빛 새벽춤
아름답다

마당 층계를 내려가면서
바람에 어지러운
낙엽을 본다

잠깬 얼굴 얼굴들

새벽기도소리가
굴러가고 있다

사   랑

모기에 뜯기지 말아야지
약한 모기
인간모기에 뜯기는 고통을 가지고
고민을 하지 말아야지

밤새도록 나를 위협하고있는 모기 한 마리
인간모기 한 마리에
신경쓰지 말아야지

사랑하는 법을 배워야지
사랑해야지

한밤중
잠 못 이루고
엉뚱한 생각이나 하는
나

오후의 거리에서

오후의 거리 푸라타너스 아스팔트에
어슴푸레한 黃昏
가슴속에

가슴속 書齋
책들이 눈을 감는 오후
하루를 뉘우치자
옹졸한 버러지같은 나

黃昏은
아스팔트 푸라타너스 마른가지위에서
쉬고있다 아름답게
빛나고있다

이 밝은아침에

삶과 죽음이 매달린 하늘을
민주 주의와 공산 주의가 매달린 하늘을 보고
戰士여 너는 말했다
'그대로는 두고 죽을 수 없다.'

참으로 光明한 아침을 앞두고
念願의 총성으로 열리는, 渡河作戰의 엄숙한 시간에
너의 피는 강으로만 넘쳐흘렸다고 하랴
戰士여

서편에 달이, 동편에 해가
지평선과 평행하던 우주의 時點을 북진하던
步武도 장엄하게 천지를 깨우던
전사여

이제 하늘이 革命되는 소리를
아침해가 동족의 환성으로 솟구치는 소리를
듣느냐 전사여

산산에 꽃피우며

凱旋門을 힘차게 나오는 대열속의 아들이여
삶과 죽음이 매달린 하늘을
革命한 꽃이여

이 밝은아침에
태극기의 휘날림으로 눈뜨라

시간의 끝줄을 잡고

바윗속에 갇혀있는 말을
꺼낼 재주는 없었다
유혹의 욕심이나 옛일을 생각지않고
죽음처럼 눈을 감으면
바윗속에 갇혀있는 말은
빛으로 살아 나올지도 모를 일이다

한 해의 마지막 시간의 끝줄을 잡고
그래서
사람들은 말없이 서성이던 도시의 밤을 떠나고 있는 게다

바윗속에 갇혀있는 말을 듣기 위해서
나도 밤길을 걷고있는가
시간의 끝줄을 잡고

제6부 ─────────── 보이지않는 門

숲속에서·1
숲속에서·2
비오는 날·1
비오는 날·2
비오는 날·3
오늘의 일기
離鄕
이 밤에
氷 魚
보이지않는 門

숲속에서 · 1

都心은 저렇게
몇몇 億年 묵은 구렁이같이 누워서 사는 사람인데
무슨 원한으로 무슨 까닭으로 울면서 사는 것인가?

하루도 평안할 수 없는
숨가쁜 시간이 흐르는 悲愴地帶는
오늘도 가슴 터져라 우는 소리소리여

여기 산은 푸르른 여인의 젖가슴인가?
天使는 춤을 추고, 山羊이 평화롭게 낮잠을 자고있다.

나는 누구의 품안에서 잠을 자고있는가?

다시는 돌아가고싶지않은 都心을 바라보며
말없이 울던 사람, 그리운 사람
당신을 생각한다.

숲속에서.

숲속에서 · 2

햇살을 받으며 춤추고 노래부르는
꽃이 되어서
저 연못속으로 떨어진다
나는

상수리나무 · 자작나무
키작은 이름모를 나무들의 이야기
꽃과 풀들의 속삭임을 들으며
숲속의 아름다운 마음을 본다

나도 너처럼 자리를 지키며
푸르게 살고싶다
부끄러운 말과 생각을 토해내고
새가 되어 날고싶다

낙엽위에 누워 하늘을 본다
이름모를 새들이 구름속으로
푸드득 날아간다

어느날

흰눈이 숲속에 소복히 내려 쌓일 때
눈속에 묻혀
지난날의 꿈을 꾸고싶다

비오는 날·1

흰비둘기는 초원을 향해 빗속을 날고있는 것이 아니다
도시에서 인간들이 먹다버린 것들을 먹고
썩어가는 창자를 씻어내기 위해서다

시커멓게 그을린 허파와 심장을
도시의 하늘에 씻어보지만
소용없는 짓이다
얼마를 날다가 아스팔트 길에 몸을 던졌다

수많은 자동차들이 무심히 빗속을 달리고있다

어둠이 내리는데
나는 흰비둘기가 되어, 어디를 가고있는가?
비오는 날

*2022. '月刊文學' 1월호 게재.

비오는 날·2

이름모를 새가
비속에서 울고있다
어쩌면 고향을 잃었는가
이름모를 새여

아직은 더 날 수 있는 시간과 공간
울다울다 울음새가 되겠다
비비새가 되겠다

아
밝아오는 빛을 보고 놀라는
指標없는 나는 누군가

날아라 새여, 날아라 울음새여 외치는
소녀는 울었다
소년도 울었다

비오는 날 · 3

바(*BAR*)에 들어서면
술병들이 '차렷'을 하고있다

반쯤은 취한 아빠들
쓰러질 것만같은 아빠들이
'차렷'을 하고있다

오늘을 일으켜 세우다 지친 저들은
어쩌면
당당한 군인처럼 '차렷'을 하고있다

절름발이가 아닌 오늘의 아빠들이
반쯤은 고개를 숙인 채
진열장안에서
잠을 자고있는 것일까

빛이 닿지않는 오늘날 우리의 마음에
밝은 눈이 있게 하기를…
중얼대면서
내일은 없다고 중얼대면서
빗길을 걷는다

오늘의 일기

담뱃불처럼 부벼꺼버리고싶은 날
책 베고 왼종일 원두막에 누워
하늘과 이야기하자던 계획이
메기 한 마리와 소주 한 병에 속았다

밤늦게 다리위를 거닐어오면서 오랜만에
'엄마~.'를 부르며 암흑속에 섰다

별도 다 날아갔나보다

離 鄕

추석을 기다리는 어린놈은
지금쯤
감나무밑에서 꿈을 꾸고있을까?

동서 남북 둘러봐도
아가야
너 만한 예쁜 꿈은 없구나

꽃신 사든 장터길
서녘해가 아쉽구나

이 밤에

누군가
나를 깨우는 사람은
바이얼린 소리가 들려오는 밤
별빛이 새롭다

웬일일까
눈을 들어 산을 바라보라던
당신의 얼굴이 떠오른다

세월이 흐르면서 모든 것이 떠나는 것은 아니다
실망과 좌절이 아니라 늘 감사하는 마음으로
원망과 불만없이 기다리는 마음으로
당신을 찾는 자가 되고싶다

이밤에.

氷　魚

내 친구는
빨간 초고추장을 찍어
빙어 한 마리를
내 입속에 넣어주었다
강을 통째 넣어주었다

두 번째는
강밑바닥까지 넣어주었다
原始의 맛과 노래를

어쩌다
내 입으로 돌아 와서
죽음의 노래를 부르고있는
빙어를 먹으며
떨고 있다

보이지않는 門

문아 열려라

소리치고 떠벌리면
더욱 닫히는 문

기다릴 때
침묵할 때
활짝 웃으며 조용히 열리는 문

닫힌 문 열려라
춤추며 열려라

바위속에 박혀있는
단단한 언어처럼
철문이 아닌 따스한 가슴의 문

보이지않는 문
마음의 문

제7부 ──────────────── 千里花

봄의 序情
눈　　물·1
눈　　물·2
요즈음은·1
요즈음은·2
오늘을 본다
여인 일기
千 里 花
車中에서
눈물속에는

봄의 序情

호수는
거울을 들여다보는 너의 얼굴

물속으로 갈앉는
나의 황홀과 기쁨
아쉬움이야 어찌 없을까?

종달새의 울음은
이디쯤 層階를 밟고 친친히 올라시는
너의 목소리
어쩌면 고향언덕의
봄소식

아
우리의 가난한 이야길랑
꽃수풀에 묻자

눈　물 · 1

눈물은 보이는 것이 아닙니다
보이는 눈물은 눈물이 아닙니다
슬프게 빛나는 당신의 눈물일지라도
가슴속 깊이 묻어두어야 합니다

그런데 어찌 하나요
나는

오늘밤 그리운 당신을 생각하며
소리없이
눈물을 흘립니다

눈   물·2

당신이 말없이 눈물을 흘릴 때
세상의 모든 것들이 무섭게 입을 다물고있었고
비가 오고있었다

푸른산 푸른들판에 갇혀산다는 작은 이유 하나 만으로 눈물을 흘릴 때
나는 당신의 눈물을 가슴에 주워 모으며 못질을 했다
눈물을 흘리며

눈물속에는
눈빛도 있고 사랑도 있고
미움과 슬픔도 있고
그대 가슴의 향기 그리고
가슴속 깊이 묻어둔 말도 믿음도 있고

그래서
당신의 눈물은 아름다운가

당신은 푸른산 푸른들판에 사는
눈물없는
한 마리 새

요즈음은 · 1

들꽃 하나 보지못하고
들바람 한번 맛보지못하고
논둑길 한번 걷지못하고

비질소리 새벽닭소리 새소리 풀벌레소리 먼기적소리 한 번 들지못하고

마음속에 꽃 한 포기 나무 한 그루 심지못하고
사랑하는 이 불쌍한 이 한 번 생각못하고

요즈음은

요즈음은·2

눈열어 보고
귀열어 듣고
마음열어 사랑하고, 기쁜마음으로 살아야지

가난과 괴로움은 무섭지않은
먼지같은 것
사라지는 것

신새벽
검은흙속에서 피어나는
꽃을 보리라

오늘을 본다

나 홀로 가슴 답답한 날 밤
어둠속에서 나를 보고 웃는다

나의 교만은 스스로를 미워하고 저주하는 것
엉뚱한 생각이나 하는 참으로 한심한
나를 보고 웃는다

깊은 한숨을 내쉬고
마음문을 열고 문밖으로 나간다

몸의 등불을 켜고 나를 본다
하늘에 반짝이는 그리운 별을 본다
길바닥에 쓰러져있는 너
담배꽁초를 본다

오늘을 본다

여인 일기

'인간과 인간
인간과 인간이랄 수 없는 사람과의 사랑이었습니다
가랑잎은 인생인가, 차라리
나는 죽음보다도 지긋지긋한 사랑 때문에
한없이 울어도 봤습니다.'

書架 중 나이가 그중 든
10년 전 死産한 여인의 일기를 읽는다

어디로부턴가 뼈아픈 추억은 밀려오고 밀려오고
밀려오다 어쩔 수 없이 밀려가는 추억
가을차(車)는 슬픔을 싣고 가는데
나는 死産한 여인이 되어 일기를 쓴다

연년(年年)을 울며 사는 운명은
종일 離別지어 가시는 님들을 위해 기도 드리고
슬픈 일기장을 태워야 한다

書架 중 나이가 그중 든
10년 전 死産한 여인의 일기를 읽으며
울음인 듯 웃어본다

千里花

k*선생 집을 찾아간 때가
눈이 많이 내리던 겨울낮이었다

구의 전철역 부근 골목골목을 돌아
조그만 양옥
서너 평 마당 한 구석에
눈속에서 피어난
꽃이 있었다

향기가 천 리까지 간다고
천리화라 했다
밤사이 몰래피는 꽃이라고
자랑을 했다

평생을 어린이들을 위해
글을 쓰며 살아오신 k선생
그래서
정년을 하시고도
젊으신가
　　＜

나는
골목을 돌아나오며
k선생의 따뜻한 향기를 맡아본다
천리화

*k선생:김완유 선생.

車中에서

언제부터인지도 모르는
나는
시름없이 창밖을 바라보고있었다
즐겨하던 흰구름도 없이
푸르른 산만이 따라오는데
수양버들밑에는 풀을 뜯는
송아지가 있었다

무슨 音節과 같은 바람따라
기차는 가고 그리고
차창이 바다로 가득찰 때
오 바다

불타던 꽃밭도 없이 멀리
물새가 나는
이 환한 空簡을 수평선이 넘어오고
넘어오고

나는 한아름 눈물로 솟아올라
海岸線을 간다

눈물속에는

눈물속에는
미움도 있고 슬픔도 있고
그대의 사랑도 있고

눈물속에는
그리움도 있고 속삭임도 있고
그대의 향기도 있고

눈물속에는
꽃잎도 있고 하얀 나비춤도 있고
그대의 노래도 있고

그리고
눈물속에는
너와 내가 있고

제8부 ———————————————— 너는 왜?

나
손흔들어 불러도
죽음을 기다리며 사는 사람에게
제자리 찾기
죽지도 못하는 시계
비틀거리는 사람들
백지를 보며
보 문 산
너는 왜?
눈물이 난다

나

한밤중
거울속의 나를 보며
나를 찾고있다

거울속의 얼굴은
아무리 보아도
내가 아니다

냉동고속에 나를 넣어놓고
웃고 있는 나

손흔들어 불러도

하늘에
빨간꽃 한 송이가 피어오르는 아침에
미쁘게 山頂에 서는 너는
나무

새들은 깊은 잠속에 꿈을 꾸어도
강물은 추억처럼 흘러만 가는데
이 크나큰 虛空은
누구도 채울 수 없는 추억

손흔들어 불러도 돌아설 줄 모르는 너는
아침마다
미쁘게 山頂에 서는
나의 추억

죽음을 기다리며 사는 사람에게

당신은 꽃들이 피기 시작하는 날
天罰을 원하는 자세로 立像하는
뿌리없는 나무가 아니었습니다

'여보세요. 어짜피 살았다는 죄로, 죽음을 기둘리어 산다는 말만은
말아 주세요.'

太初부터 땅
또 하나의 가슴속은 텅 비었거니,
여보세요
저소리를 들어보세요. 하늘을 뚫던, 땅을 어쩌던
어리석지않은 기도소리

'꽃들이여, 善이면 하나로 선, 惡이면 하나로 악, 선과 악을 賢明케
지닐 것이다.'

여보세요
나와 함께 어디까지든 걸어가며 이야기나 합시다
어느 늙은 나무가 大地에 그림자를 늘인
그런 이야기를 그리고
기도 합시다

제자리 찾기

모든 사람들이
제자리찾기를 하고 있는데
나는 여기서 무엇을 하고있나?
너는 어디서 무엇을 하고있나?

바람은 빈가슴까지도 흔들어깨우는데
집이 쓰러질 때도 일으켜 세울 힘이나 재주가 나에겐 없듯이
너를 붙들 수가 없다
너를 볼 수가 없다

작은 소리만으로 살아 온 너
큰소리만을 들으며 살아온 너

서로가 서로를 위안하며 사는 사람들을 보면서
이전 것은 다 잊어버리고
제자리 찾기를 한다

너를 그리며 삶의 신바람이 난다
오늘 이밤에

죽지도 못하는 시계

요즈음 벽시계는
참 밉다

옛날
우리집 시계는
사흘에 한 번씩은
태엽을 감아 주어야
죽지않았다

요즈음 벽시계는
작은 전지 하나만으로도
지칠 줄 모르고
죽지도 않는다

비틀거리는 사람들

J시인* 추모 2주년을 맞아 남북시 동인들은
그가 조용히 잠들어있는 공원 묘지를 찾아
술 한 잔을 올리고, 추모시 한 편씩을 낭송하고
하산 하면서는 말이 없다

버스에 오르자
시가 알몸으로 춤을 추기 시작했다

'꽃을 보면 숨이 막히도록 가슴 아프다.'
'시는 감성이다.'
'감성은 이성의 이성할아버지다.'
'1초 만에 시를 써야한다.'
'시는 술이다.'

시인들이 탄 버스는 비틀거리고 있다

빨간 신호등앞에서
J시인*이 혀를 차고있다
서울이 아니라 수원으로 가고있다고
비틀거리는 사람들이라고
웃고있었다

   *J시인:제해만 시인.

백지를 보며

갈길을 잃은 내가 네 속으로
들어갈 때
나의 마음은 깨끗해지고 겸손해지고
양같이 순수해지고
나는

아픈 추억에 매달리지 말고
어두운 어제를 잊어버리는 삶
오직 오늘을 달리는 삶을 살자고
다짐을 한다
너를 닮기 원하며

너를 본다

보 문 산

보문산에는
골짜기골짜기마다
조용한 물소리가 살고있다

몇천 년을 저렇게
조용히 읊조리는
목소리가 살고있다

어머니의 눈물같은
맑은 물
영원한 보문산의 산골짜기물

*1996.12.21. 대전 시인 협회. 대전 광역시 선정 '대전 8경' 시집 게재.

너는 왜?

너는 왜 가슴속에 박혀서 나를 울리는가
별이 빛나는 이밤 영혼의 새가 되어
그대 품속으로 날아가리

기계에서 빠져나온 톱니바퀴처럼
비오는 밤길을 헛돌며 노래부르다 지쳐쓰러지면
그대 품속으로 날아가리 나는

찬바람속 들꽃이 되어
눈속에 묻혀 잠들리라

오늘밤
너는 왜 가슴속에 박혀서
별처럼 반짝이는가

아무도 모른다

눈물이 난다

나는 그대에게
나를 기억해 달라고 할 수 없음에
눈물이 난다

내 삶에 있어서 그대에게
자랑할 만한 일을 하지 못해 부끄럽다 그리고
행복한 삶을 위해서 어떻게 살아야 하는지도
나는 모른다

그 누구에게도
감사하다는 말 한 마디 표현도 제대로 못하는
나를 보면
눈물이 난다

지금 이시간 나의 마음그릇에
그대의 헌신과 사랑을 채웁니다
남모르게 조용히 기꺼이
남을 위해 모든 것을 손해보는 삶을 사는
그대에게 감사하며

눈물을 흘린다

제9부 ─────────────── 다시 태어나면

눈을 감고
명퇴 아빠
마음 비우기
墓　碑
默　想
默　念
暮　日
다시 태어나면
너　는
말없는 가로수여

눈을 감고

눈을 감고
내 몸속에서 빠져 나와
나를 본다

남의 잘못만을 바라보던 눈
남의 좋은 말만 담아 듣던 귀
좋은 일에만 내밀던 손
좋은 일에만 쫓아다니던 다리
향기에만 취했던 코

신음하고있는
나를 본다

나는 다시
내 몸속으로 들어가
눈을 감는다

환하게 웃고있는
너
꽃을 본다

명퇴 아빠

하루아침 갑자기
명퇴자가 되어버렸다는
40대 젊은 아빠의 한숨소리를 듣는다

모든 걸 잃어버렸다는 것은
봄이 돌아오면 저나무에도 새싹이 돋아나는 것처럼
당신에게 새로운 희망이 약속되었다는 것일 뿐

누구의 탓도 아니요,
더구나 당신의 탓은 절대 아닌 것을
당신의 아내와 자식들은 이해하리라

가냘픈 갈대가
폭풍에도 꺾이지않는다는 것을
잘 아는 당신이기에
당신의 마음은 언제나 훈훈하기만 하리라

어둠이 내리고있다

나는 옷깃을 여미고 집으로 가면서
주먹을 불끈 쥐어본다

마음 비우기

내가 누군지 몰라서
산처럼 가만히 앉아 입을 다물고 산다
나는

활짝 피었다 사라진
그때
우리는 물그림자

'모든 것을 사랑하며
아름답게 조용히 살아야 한다고 말했던가?'

달빛이 살아서 쏟아지는
이 밤
마음을 비운다

갑자기
죽음을 앞둔 스티브 잡스*의 연설이 들려온다
'왜냐하면 삶이 만든 최고의 발명이 죽음이니까요.'

   *스티브 잡스(steve jobs). 생애:1955.2.24.~2011.10.5. 미국 샌프런시스코 애플 최
    고 경영자.

墓 碑

이름 모를 새
당신이 消魂하여
한 마리의 이름모를 새로 돌아오는
지금

은빛구름은 하늘끝에 무겁게 피어있다
숲속을 달릴 때
어리는 고향이며 한 송이 장미꽃이며
나의 간절한 愛撫

이 깊숙한 꽃밭 하나 없는
산골짜기에 와서
묘비더러 날더러 어쩌라고
온종일 울다가 날아가는 울음새
指標도 없이 遑遑히 날아가면
고향이 보이는가?

당신이 가고없는 산골짜기에서
눈물비를 맞고 서있는 나

默 想

나는 우연히 아스팔트 길을 걷다가
새들이 무어라 지껄이는 소리를 들었다
하루를 잘 지낸 새라고 중얼대면서 또 얼마를 걸어가고있었다

죽지를 상한 새 한 마리가 땅을 치며 울고있는 것이 아닌가?
하루를 잘못 지낸 새라고 중얼대면서
금빛나는 종막을 바라보고있다

郊外의 오후 거리에서
먼기억을 더듬으면서 행복 불행을 본다
하루를 잘 지낸 새
죽지를 상한 새

默 念

오후의 도시가 비에 젖는데
다방 깊숙한 의자에 몸을 던진다
창가 자비로움같은 속삭임을 우연히 본다

사람들은 우산속으로 숨는데
미치광이 여자에게는 가진 것이 없음을 모르고있다

패러독스(*Paradox*)의 昇華여
햇살이 튀던 도로위의 지붕위에
비가 내린다
내 가슴에

창변의 백합은, 누굴 손짓하는 걸까?
비를 맞으며, 당신은 어디로 가려는 것인가?

오후의 도시가 비에 젖는데

暮　日

焦點을 잃은 失神하는 젊음의 부르짖음은
黃昏 속에 부서지고있다
지나간 먼이야기는 하지말자면서

大地위에 늘어진 슬픔을 잊고사는 안타까움
어디로 가는 것인지 오늘도
指標없는 日程은 저쪽에서 머무는데

노인은
빛나는 하루를 조용히 숨거두며
어둠속에서 孕胎되는 꽃을 보고있었다

아침 해

다시 태어나면

목련꽃처럼 하얀빛으로 감사하며 태어나리라
진달래처럼 이른봄 웃으며 태어나리라
다시 태어나면

그리고
땅속에 묻힌 돌처럼 그대를 위해
눈물 흘리며 노래하리라

'한 송이 국화꽃을 피우기 위해
봄부터 소쩍새는 그렇게 울었나보다.'
서정주 시인은 말했던가

다시 태어나면
모든 잘못의 용서를 빌며 기도하리라
사랑한다고

너   는

너는 언제나
하얀 목련꽃 웃음이라서 좋다
사랑의 하얀 눈빛

남의 아픈 마음을 읽을 줄 알고
너의 아픈 마음을 숨기며
눈물로 덮으며 사는
너

언제나
산처럼 말이 없는
아름다운 마음으로 살아왔다

나는
그런 너를 사랑하며 조용히
泡沫처럼 부서진다

아름다운 꽃이어라
목련꽃잎처럼 뚝뚝 떨어지는
눈물이어라
너는

말없는 가로수여

너는 누군가
몸부림도 없이 침묵으로 살아온
오직 풋풋한 향기를 위해
겨울밤 같은 그 어떤 핍박도 감수할 줄 아는
너

숨막히는 이 도시와
고독한 인간들에게
언제나 늘푸른 손짓으로 위안을 주던
너

오늘밤
나는 너를 안고
왜 눈물을 흘리는가

막 버스는 가고
광화문 네 거리
흰눈이 내리고있다

나는 누군가
말없는 가로수여

제10부 — 나는 누군가

내일은 없다
나는 누군가·1
나는 누군가·2
나는 누군가·3
나는 누군가·4
나는 누군가·5
나는 누군가·6
나는 누군가·7
눈감으면 보이는
내 고 향
눈 물
내가 두려운 것은
나 는
나를 본다
눈
네거리에서

내일은 없다

몸의 등불
눈이 성해서 봄처럼 몸이 밝다

어둠속에서도 나를 보고
나에 대한 교만은
스스로가 미워하고 저주하는 것이라는
엉뚱한 생각을 한다

마음문을 열고
오늘을 본다 나는

길가에 쓰러져있는
담배꽁초를 본다

나는 누군가 · 1

세상의 모든 것을 사랑의 눈으로 바라보라던
당신의 말을 잊은 지 오랩니다

사람의 몸은 병의 온상이라는데
사랑하는 마음으로 감사하는 마음으로 용서를 빌면
황야에 푸른바람이 불어올까요

삶과 죽음은 아름다운 것
남을 미워하는 것은 나를 미워하는 것이요,
남을 위하는 일은 나를 위하는 일이라는 생각을 해봅니다

찬바람이 훈훈하게 느껴지는 날
당신이 나를 용서 하는 날
황야에 샘물이 흐르는 날

눈내리는 밤
엉뚱한 생각이나 하는
나는 누구인가

나는 누군가 · 2

나는
도시의 한복판에 서있는 가로수처럼
침뱉음 당하고
술취한 사람들의 담배꽁초나 소변 세례나받는
내가 아니기를 바란다

몸부림도 없이 침묵으로 갖은 아픔 달래면서
풋풋한 향기를 위해
겨울밤같은 핍박도 감수할 줄 아는
브레이크 정신과 인내에 나는 놀란다
가로수여

막 버스는 가고
광화문 네거리
흰눈이 내리고있다

나는
누구인가

나는 누군가 · 3

나는 내가 누구인지 어떤 사람인지를 생각하다가
슬퍼진다

슬픈 눈물일수록 가슴속에 묻어두어야 한다고
눈물은 보여주는 것이 아니라고 하던 나는
꽃밭에 앉아서 혼자 가만히 눈물을 흘리다가

가을소녀를 만나본다, 코스모스를 본다
나를 보고 웃는다

슬픈날
술을 마시면
보이는 나

'사람이 살아가면서 가장 귀중한 것은 지금 이시간이요, 가장 귀중한 사람은 지금 만나는 이사람이요, 가장 귀중한 일은 지금 만나는 이사람에게 사랑과 기쁨을 주는 것.'

세계적인 석학 토인비의 말을 되새겨 본다

나는 누구인가

나는 누군가 · 4

무슨 일에나 이기려고
목에 힘주고 어깨에 힘주면 지는 법이라는데
때로는 강한 쇠가 부러지는 것처럼
정에 찍힌 바위가 갈라지는 것처럼

강한 바람에도 쓰러지지않는 갈대나 미움을 받는 잡초나
그리고 고무줄같은 사람들은
이기려 할 줄 모르고

다만 순종하는 진리를 익혀서
스트레스 병을 앓지않는다는데

우리들은
겸손과 침묵의 아름다움을 상실한 채
오늘을 살고있다

나는 누구인가

나는 누군가 · 5

내가 보는 물
당신이 보는 물
같은 물이지만 분명 다른 물인가

나는 물을 보고있다
물은 나를 보고있다
나는 당신을 보고있다
당신은 나를 보고있다

한밤중 거울을 보고있다

엉뚱한 생각이나 하는
나는 누구인가

나는 누군가 · 6

'부처의 얼굴은
때에 따라 다른 모습으로 변하는가?'

밝은 미소로 향긋한 차 한 잔을 권하며
길가의 풀처럼 살라는
부처의 얼굴

활짝 웃는 동자승의 얼굴은
아침햇살같다

아
예수님의 얼굴은
왜 변하지도 보이지도
않는 것인가?

나는 누구인가?
한밤중
거울을 본다

나는 누군가 · 7

쏜살같이 달리는 수많은 차들과
바쁘게 오가는 수많은 사람들을 보면서
나는 누구인가를 생각해 본다

어제는 어떻게 살았고
오늘은 어떻게 살았고
나는 어디를 가야 하는가 생각해본다

도시의 한 복판에서
천천히 아주 천천히 걸으면서
엉뚱한 생각을 하고있다
당신을 찾고있다

나는 누구인가

눈감으면 보이는

푸른하늘 저멀리
그대의 꿈처럼 흰구름이 떠가네요

지난 가을비가 내리는 이길을 함께 걸을 때
빨간단풍잎이 사랑처럼 떨어졌는데
흰눈이 펄펄 내리는 이길을 나홀로 걷고있네요

흰눈 쌓인 산중턱쯤 올라 갔을 때
갑자기 신밧드의 요술바람 탄 공수가 되어 날아오르는
그대여

'행복은 사라진 후에야 빛을 낸다.'
영국 속담처럼
행복은 불행뒤에 오는 선물이라고
밤하늘 빛나는 별처럼 슬픔은 버리고 웃으며 살라고
맑은 산골짜기 물소리 새소리를 들으며 살란다

눈감으면 보이는
그대여

내 고 향

내 고향
보문산을 찾아오르면
흰두루막 입고 반기는
눈물의 시인
朴龍來가 있어 좋다

아
내 고향
구봉산밑에 들어서면
흰고무신 신고 떠도는
韓性祺 시인의
'늦바람'*이 맛있다

*늦바람:한성기 시인의 시집 제목.

눈   물

네가 처음 내 앞에서
뜨거운 눈물을 흘릴 때였다
너의 눈빛과 눈동자와 가슴이 타고있었다

푸른들판에 갇혀사는 너는
뚝뚝 떨어지는 목련꽃잎처럼
바르르 떨면서 눈물을 흘리고있었다

모든 것들이 무섭게 입을 다물고
시간은 흐르고
밖에는 비가 내리고있었다

나는 너의 눈물을 거둬들이며
가슴에 못질을 한다

눈물속에는
눈빛도 있고 사랑도 있고
미움과 슬픔도 있을까?

가슴의 향기나

가슴속 깊이 묻어둔
말같은 것도 있고
하얀 나비가 춤추고있고

그래서
너의 눈물은
봄비만큼이나
소리없이 아름답다

꽃이여

내가 두려운 것은

아무리 튼튼한 감옥이라도
내 마음까지는 가둘 수 없지

한 마리 새가 되어
내 마음은
하늘을 날고있지

다만 부끄러운 것은
이 환한 아침에
내가 잘못한 모든 것들이
환히 보이는 것

또한 지금 깨닫는 것은
내가 당신의 마음을
내 감옥속에
가둘 수 없다는 것

내가 두려운 것은

나 는

요즈음 나는
작은행복을 보기 위해서
목이 길어진다

하늘보는
암사슴처럼
말없이 조용히

빌딩 숲속에서
하늘보기 연습을 해야 한다

작은행복을 보기 위해서
나는

나를 본다

몸의 등불을 켜자
한낮의 봄처럼 몸이 밝다

어둠속에서 내가 나를 보고
스스로를 미워하고 저주한다는
엉뚱한 생각을 한다

문밖으로 나가
오늘을 본다

길바닥에 쓰러져있는
담배꽁초를 본다
나를 본다

눈

어디쯤서 어두운 통로를 따라 떠돌다
내 곁으로 돌아온 눈이여
그대여
하이얀 눈이여

그리운 그대 향기
부끄러운 내 몸을 감출 때까지
내 몸의 썩은 냄새까지도 묻힐 때까지
내려주소서

그리하여
잘잘못을 깨닫게 하소서

네거리에서

신호등이 있는 네거리
물이 흐르듯 권태로운 계절이 가고
나래 접은 봄이 흐른다
퇴근 시간쯤
금속성의 현대가 질서있게 움직이는 파노라마를 본다

마음이 가난할 때 특등급의 마차를 타지않았어도
이거리로 나오면 누군가 손을 잡아주어 좋다
어디로 갈 것인지 망설이는 나에게
현대는 부속품처럼 자네가 절름발이인 자네가 필요하고
아니 모두가 필요하다고 차들이 소리소리 지른다

어둠이 내리면
가로등이 켜지고 음악이 흐르고 시계탑이 보이는 다리
지친 모습으로 숨가쁘게 달리는 차들

비가 내려도 막 버스는 달린다

제11부 — 가슴 답답한 날

꽃··1
꽃··2
꽃··3
꽃·4
꽃·5
祈　禱·1
祈　禱·2
祈　禱·3
관광 버스 안에서
그 리 움·1
그 리 움·2
가을밤에
가슴 답답한 날
길
강
가　을

꽃·1

어둠속의 촛불처럼
너는 침묵으로 나를 위로하고있다

꽃은 지기 때문에 아름다운가?

마지막까지 따스한 눈길을 보낼 때
소리없이 찾아와 안기는 너

꽃이여
어제의 나를 잊어버리고
어둠속에서 너를 본다

꽃·2

누가 지는 꽃잎을 보고
서럽다고 했는가

지는 꽃잎은
누군가의 서러운 옷자락

떠나는 모든 것
마음의 끈을 버리면
훗날
그림자처럼 조용히 찾아올
당신이여

지는 꽃잎이여

꽃·3

당신은
봄의 전도사입니다

꽃향기와 아름다움을
아낌없이 주는
천사입니다

봄노래소리가 들려옵니다
당신은 활짝 웃으며 손을 흔듭니다
어서 오라고

나는 나비가 되어 날아갑니다
눈을 감고

꽃 · 4

꽃이여
너와의 황홀한 입맞춤
여린허리
그리워 잠 못 이루는 밤

어둠속의 촛불처럼
너는 침묵으로
나를 위로하고있다

꽃은 피어서 아름다운 것이 아니라
꽃은 지기 때문에 아름다운 것인가?

슬퍼하지 말아요

슬픔인 듯 떨어지며
남긴 말

꽃이여
어제의 나를 잃어버리고
어둠속에서

너를 본다

영혼 잠재우려
바람이 떠도는
밤에

꽃 · 5

꽃은 피어서 아름다운 것이 아니라
꽃은 지기 때문에 아름답다

세상 이야길랑 가슴속에 품고
말없이 땅속에 묻히는 꽃

비를 맞으며
노래 부르며 아름답게 떠나는
그대여

나도 들꽃이 되어
너와 함께 白紙이고 싶다

빨간해 솟아오르는데
활짝 웃으며
알몸으로 달려오는 꽃이여

눈을 떴다
새벽 3시

祈　　禱·1

잃은 자가 되어
그를 생각하리
절벽앞에 서기 전
그를 위하여 눈물 흘리고 통곡하며 기도하며
손을 잡으리

아
이미 눈물은 말랐는가
그를 위하여 흘릴 눈물
눈물이 없음을 슬퍼하리

내가 잃은 것 오늘 아픔은 무언가
나를 위하여 기도하리
눈물 찾으리

祈　　禱 · 2

주여
저로 하여금
늘 모자라는 사람으로 있게 하소서
그리하여
당신의 위로속에 늘 있게하소서

주여
당신에게 매달리는 사람
통곡하는 사람이 되게 하소서
그리하여
밤에 새벽을 보는 사람
빛을 보게 하소서

주여
나에게 찾아오는 애매한 고난은
축복의 굳건함 때문임을 알게 하소서
그리하여
보이는 것이 아니라
보이지않는 것을 바라보게 하소서

祈　　禱·3

할일이 없을 때 조용히 눈을 감으면
우리들의 죽음은 너무 가까운데 있다

나직한 除夜
나 하나라 생각할 때
텅 빈 무덤속의 어린 나 하나라고 생각할 때
창을 두드리는 사람
누군가

모든 영광과 기꺼움
찬란한 태양 솟아라 달뜨라 별나오라
밝은 창은 열려라
소리치는 사람
누군가

여기 촛불을 밝히자
아버지의 무덤속이 아니라 초라한
나의 書齋

새벽닭이 울다 멎는 새벽녘마다

창을 두들기던 사람
누군가

관광 버스 안에서

관광 버스를 타고 서울을 떠난다
모두가 즐거워 떠들썩한데
나의 마음은 왜 이리 무거운가
아내의 마음도 딸년의 마음도 안고 떠나기 때문인가?

먼 산이
아내처럼 딸처럼 따라 온다
손을 흔든다

잠시 눈을 감아보지만
눈감으면 더욱더 환히 보이는
얼굴얼굴들

빛나는 아침햇살이 눈부시다
먼산을 향해 손을 흔든다

그리움 · 1

말없이 웃음으로만 대답하던
얼굴이여
네가 좋아하던 꽃을 보며
얼어붙은 가슴 녹이고
너의 따스한 체온을 하나하나
조심스럽게 쓸어모아
불사르는 밤

주섬주섬 옷을 걸쳐입고
밖으로 나가면
어둠속에서 만나는
얼굴이 있다
너

그리움 · 2

흰구름 떠가네요
그대의 아름다운 꿈처럼
단풍잎 떨어지네요
슬픈 그대의 사랑처럼

우리의 슬픔은 안개같은 것
신밧드의 양탄자 타고 여행 떠나요
밤하늘 빛나는 별처럼
영원한 사랑을 위하여

산골짜기 맑은 물소리 새소리를 들어보아요
행복은 불행뒤에 오는 선물이래요
그대 언제까지 슬퍼만 하나요

그리운 고향
어머니 노래를 불러 보아요

가을밤에

사랑은
죽음을 두려워하지않음에서
솟아나는 것
때로는 지는 꽃잎처럼
아픔으로 남는 것

비내리는 가을밤
그대가 마지막 나에게 남긴 눈빛말
산의 말같은 말없는 말

말없음은 아름다운 것인가?

꿈처럼 너의 눈빛말은
수많은 낙엽으로 쌓이고있다
그리워 나는 눈물이 된다
가을밤에

가슴 답답한 날

가슴 답답한 날
바람과 구름과 별에게 그리고 당신에게
갚을 길 없는 은혜에 감사하며
나는 고백을 한다
당신을 사랑한다고

창문을 열고 밤하늘을 본다
님의 얼굴
눙근달이 떠있다

'여보.'
'왜요?'

집사람이 깜짝 놀란 얼굴로
서재로 들어온다

별들의 노랫소리가 아름답다

길

우리들에게 길이 늘 새롭게 느껴지는 이유는
길에서 처음 만나는 사람이 있어서이다

어디 사는 누군지 알지 못하지만
눈짓으로 인사하며
만남과 동시에 헤어지는
얼굴 얼굴들

저만치서
나를 향해 걸어오는 사람이 없어도
조금만 더 가노라면
누군가 나를 반기러 올 것같은 길
그래서 길은 늘 새롭고 외롭지않다

한강 둔치를 걷다가
지팡이에 의지한 할아버지를 만나 인사를 드렸다
빙그레 웃으시는 할아버지

비둘기 두 마리가 날아간다

강

몇 천 년 몇 만 년을
말없이
우리들의 아픔을 흘려보내는 강이여

가슴이 답답할 때 原始의 너를 보고 있으면
미친바람 몰아내고 푸른바람 불어와
너처럼 살아야겠다는 생각에 잠긴다

한강 고수 부지를 홀로 걸으며
지는 저녁해를 본다

나를 본다

가　을

빈손으로 와서 빈손으로 돌아가는 가을은
산이 되어 산이 되어 온다
이 조용한 田園의 아침
농부는 미치광이 아들을 收獲하려는데
서서히 자리잡는 안식을 잃고 섰는 눈물마른 나

地脈으로 트이는 사랑은
눈(眼)을 더욱 묻히게 하고, 몸둥아리를 산산이 부서지게 하며
귀머거리가 되게 하며
失神한 내 앞에서 가을은 外面을 하고
새들은 먼하늘을 덮어버리고
이리떼 사자떼 소리 높여 울어대는
어쩌자는 한 목숨을 둔 죄인처럼
텅 빈가슴에 던져지는 무거움

오랜 沈默으로 보살은 죽어갔거니
강물은 年代를 싣고 흘러가며 역사는 敎化된다
종소리는 어디서 울려오는지
가을은 內部로부터 돌아서기 시작한다

<

빈손으로 와서 빈손으로 돌아가는
우리들을 孕胎하는 어머니의 자세
가을

제12부 ──────────── 꽃이 피는 소리

기로수기 웃고있디
고난을 받을 때
골　　목
공원 산책
꽃 이 여
꽃이 피는 소리
구름위에서
그리운 얼굴이여
그리운 그대여
기다리는 법

시집 평설/ **한 송이 들꽃의 존재론**/ 강 서 일

가로수가 웃고있다

나는
도시의 한 복판에 서있는
가로수처럼
침뱉음 당하고
담배꽁초나 술취한 사람들의
소변 세례나 받는
내가 아니기를 바란다

몸부림도 없이 마지막 호흡 다하도록
오로지 풋풋한 향기를 위해
겨울밤같은 핍박도 감수할 줄 아는
자기 자리를 지키는
가로수의 브레이크 정신과 인내에
나는 놀란다

광화문 네거리
흰눈이 내리고있다
손을 흔들며 새벽을 향해 막 버스에 오른다
손을 흔들며 가로수가 웃고있다

고난을 받을 때

고난을 받을 때
하느님의 능력을 경험하여
오히려 모든 일이 잘 된다는
주여
믿음을 주소서

고난을 받을 때
낙심하지않게 해주시고
일손을 놓지않고 최선을 다하는 사람
주여
지혜를 주소서

고난을 받을 때
주의 손을 잡고일어나
감사하며 사랑을 베푸는 사람
주여
힘을 주소서

골　목

누구일까
마지막 熱을 식히는 시간
지금 골목엔 소리없는 밤이 드리운다
하루를 뉘우치면
안타까움이 가슴으로 스며오는 골목
누구일까
나를 이끌고 들어선 나직한
安息

저들의 창에는 흐릿한 기억처럼
켜있는 등불
목메이는 사랑
나는 지금 어디로 가고있는가?

고향을 못잊는 사람들의 通路
골목길은

공원 산책

상쾌한 이른아침
산책길
한 젊은 여인이
햇빛을 향해 옷을 벗어던진다
나는 얼른
꽃잎옷을 주워 가슴에 품는다
햇살을 받아 반짝이는 나뭇잎들이
춤을 추기 시작한다

'꿈속을 걷고있는가?'

연보랏빛 화장을 한 여인이 내 손을 잡아끌더니
입맞춤을 하잔다
사람들이 흥얼거리며 모여든다
라일락 향기에 취한다

꽃이여

꽃이여
너는 언제나
사랑하노라며
말없이 웃어주고

말없이 손흔들며
나와 늘 함께한다고
오늘도
달려와 가슴에 안긴다

웬일일까?
눈물이 나는구나
꽃이여

꽃이 피는 소리

향기로운 바람처럼
음악이 흐릅니다

향기는 말없음입니다
말있음은 향기를 덜어내는 일입니다

조용히 혼자서 고요한 음악을 들으면서
소리없음이 아름답다는 생각을 합니다

꽃은 아무소리없이 핍니다
그래서
깜짝 놀랍니다

그대가
슬픔을 웃음으로 감추는 것처럼
소리없이

꽃이 피는소리를 보아요
그대의 슬픔은
어디에 있나요

구름위에서

만년설 쌓인 알프스 흰구름위에서
이세상 모든 일 잊어버리고
나는 어린아기처럼 행복하다

푸른하늘 태양만이 빛나고
빨간꽃 머리에 꽂은 선녀들이 始原의 꽃밭에서
춤을 추며 노래를 부른다

모든 괴로움·슬픔은 다 무언가
나는 모른다
오직 감사하는 마음으로, 사랑하는 마음으로
부끄럼없이 살아가리라

구름위에서

그리운 얼굴이여

언제나 꽃처럼
향기로운 마음으로 말없는 웃음으로
말하고 대답하던 그리운 얼굴이여

그대가 좋아하던 꽃을 보며 눈물 흘리며
그대의 따스한 체온을 쓸어모아
얼어붙은 가슴 녹이고
불사르는 밤

웬일일까
주섬주섬 옷을 걸쳐입고 밖으로 나가면
오히려 어둠속에서 보이는
그리운 얼굴이여

'오늘밤
푸른 소나무가 되어
꿈속에서 만날 수 있을까?'

흰눈이 그리움처럼 내리고있다
그리운 얼굴이여

그리운 그대여

당신이 그리워서
내가 누구인지 몰라서 오늘밤 안타깝게
그옛날이 그리운 것인가

그리움은 언제나
말없는 산처럼
입을 다물고 사는 존재

활짝 피었다 사라진 孤高한 그대여
우리는 조용한 물그림자라면서
아름답게 조용히 살아야 한다고 말했던가

달빛이 살아서 쏟아지는 이밤
당신을 마시며 당신을 닮으려고 아름답게
마음을 비운다

그리운 그대여

기다리는 법

빛나는 것이 다 금이나 다이어먼드가 아니라는
평범한 신문 광고를 읽고
돌속에 박혀있는 단단한 언어를 듣기 위해
기다리는 법을 배우기로 했다

열차는 주어진 길을 따라가지만
나에게 주어진 길은
눈먼이가 보는 보이지않는 길
흑과 백의 길

마침내 강물속 어디쯤서
봄이 오는 소리를 듣고
꽃씨는 벌떡 일어나
돌속에서 포근한 꽃을 피우리라

노오란꽃
깊은 시궁창속에서 피어나
더욱 빛나는 꽃의 말

'슬퍼하지 마.'

<시집 평설>
한 송이 들꽃의 존재론
──최창열 제2시집 '꽃이 피는 소리'

강 서 일
<시인·문학 평론가>

　꽃처럼 곱게 살고싶다는 '시인의 말'을 듣고 내심 놀랐다. 그의 말속에는 '나는 누구인가? 시란 무엇인가? 무엇 때문에 시를 써야 하는가?'라는 내용도 함께 들어있는데, 1983년 '現代詩學'으로 등림한 이후 詩歷은 어느덧 40년을 훌쩍 넘어섰고, 시인의 생물학적 나이는 잘 모르지만 사진속의 온화한 모습은 연만해보였기 때문이다.
　저렇듯 치열하고 근원적인 질문과 대답들은 모든 시대 상황과 철학적-문학적 유파와 개별자의 시선에 따라 그 진폭의 범위가 너무 넓어 대개는 지치거나 유보하거나 사시만의 답으로 한성시어 마무리뇌는 경우가 많은데, 서언 질문들이 여태 현재 진행형인 걸 보면 시인의 순정한 마음은 아직도 시들지 않았고 삶과 예술(시)에 대한 그의 열정은 맹렬한 생명력을 자랑하는 한여름의 나무들처럼 푸르러 보인다. 존재는 본질에 선행한다는 말이 있듯이, 작금의 소외되고 절망적인 상황에서도 시인은 자유 의지를 가진 개별자로서 자신을 이겨내고 본질 너머에 서있고자 노력중이다. 그의 마음을 몇 편의 작품을 통해 한번 따라가 보자.

1. 행복해지는 법

　온종일 너와 싸우며 땅뺏기를 하다가
　때로는 울기도 하다가
　해질녘 빼앗은 땅 그대로 두고
　집으로 돌아왔지

달밤이 되어 아무도 모르게 나가
빼앗은 땅을 확인하지만
경계선은 없고, 눈물만 보였지

세상은 다 그런 것
별을 보면서 하하하 웃는다

오늘밤은 왜 이리 편할까?

———시 '땅 뺏 기' 전문

　이스라엘 히브리 대학 역사학 교수인 유발 하라리는 '인간은 무엇을 성취하건 만족이 아니라 갈망이 증가할 뿐이며, 인간은 신이 되더라도 불만이 매우 많을 것이다.'라며, 만족을 모르는 인간의 끝없는 욕망을 경계했다. 인용 시 '땅뺏기'는 어릴 적 놀이의 기억을 복기하여 세속적 성공의 덧없음을 효과적으로 환기시키고 있다. 이타적으로 쓰이지않고 오직 자기만을 위해 복무하는 명예·돈·권력 등은 지나고 보면 다 소용이 없고, 그토록 욕심을 부리면서 말뚝을 박았던 자신만의 '경계선'도 '달밤이 되어' 들여다보면 다 무너지고 없다. 그야말로 달팽이 뿔위에서 누가 더 잘 났나 기예를 겨룬 것만큼 허망한 일이다.
　하지만 이런 상황에서도 시적 화자는 절망하지않고 오히려 '별을 보면서 하하하 웃는' 수용의 여유를 보여준다. 그다음에 따라오는 것은 마음의 절대평화일 것이며, 그것은 남들은 알 수 없는 자신만의 영토에 붉은 꽃을 피우는 행위이다. 이제라도 욕망의 분모를 확 줄여 불필요한 욕망과 불안과 공포로터 벗어나야할 때이다. 바로 거기에 길이 있다. 모름지기 무소유는 유형-무형의 물적 소유가 아니라 그집착으로부터 벗어나는 것이기에.

2. 사랑은 이러해야

아름다운 사랑은
6월의 빨간 장미꽃이 피었다 지듯
소리없이 자기 자신을 다 바치는 것

나를 버리고

당신을 위한 노래를 부르며
조용히
고뇌의 어둠속으로 들어가는 것

펄펄 끓는 기름가마속같은
어둡고 험한 세계에서도
아픔을 함께 하는 것
감사하며 기도하는 것
당신을 위해

사랑은

———시 '사 랑 은' 전문

여기에 사랑이란 이런 것이다, 라고 선언하는 시인이 있다. 사랑이란 '자기 자신을 다 바치'고 '고뇌의 어둠속으로 들어가' 그 사람과 '아픔을 함께 하는 것'이며, 당신을 위해 모든 것에 '감사하며 기도하는 것'이다. 과연 그럴 수 있을까. 자기밖에 모르는 연약한 인간들이 이런 엄청난 일을 정말 감당할 수 있을까. 그러나 놀라지 마시라. 어느 별에서 왔는지 모르지만, 그런 사람들이 실짜 있다. 아니 실패할시라도 끝까지 힘을 다해 성성을 다하는 사람들이 있다. 그 무엇보다 모순된 힘을 지니고 실행으로 옮기는 존재가 인간이니까.

우리들의 삶속에서는 미리 겁먹고 시도하지 않은 실패가 인생의 가장 큰 실패로 이어지는 경우가 종종 있으며, 안타까운 실패도 많이 있는 법이다. 눈에 보이지 않는 사랑이란 추상화도 손을 뻗어 떨리는 상대의 손을 잡아 일으켜 세울 때 비로소 아름다운 풍경화가 되고 세기의 명화가 되는 법. 인간의 수많은 역사들이 이미 그것을 증명하고 있지 않은가. 시인은 그것을 이미 가슴으로 느끼고 지금 실행하는 중이다.

3.세상과 나

바다는
커다란
레코드 판 <

나는
그 한가운데
외로운
작은 섬

푸른노래
푸른춤
푸른꿈

먹으며
산다

———시 '바다와 나' 전문

　오늘도 저 바다의 푸른 몸들이 뭍으로 올라와 짧은 시간동안 머물다가 집으로 돌아간다. 그런 시간들이 반복되면서 현재의 시간들은 어느덧 영원으로 바뀐다. '레코드 판'처럼 끝없이 돌아가는 바다는 같은 노래를 들려준다. 하지만 결코 같은 노래가 아니다. 아침저녁으로 노래의 톤은 달라지고 안개 자욱할 때와 짱짱한 햇살이 섬의 돌담들의 상처를 어루만지듯 하나하나 정성스럽게 쓰다듬을 때, 그 노래는 분명 치유와 평화의 노래로 들릴 것이다.
　그리하여 시적 화자는 그속에서 '푸른노래/푸른춤/푸른꿈'을 '먹으며/산다.' 비록 외롭고 작은 섬이지만, 결코 고단한 삶에 지지않는다. 화자곁에는 늘 바다가 출렁이며 신생의 에너지를 제공하기 때문이다. 만일 우리 옆에도 저런 무한 에너자이저가 있다면 거칠고 바람부는 세상을 능히 견딜 수 있을 것이다. 그것은 혹시 바다를 닮은 무량한 사랑이 아닐까. 하지만 세상의 모든 은유를 어떻게 해석할지는 언제나 자신만의 몫이다.

4. 하강은 아름답다

노오란 은행잎이 융단처럼 깔려있는 은행나무

말없이 눈을 지그시 감은 채
수10만 장 사랑눈물 편지로 떨어지는

노오란 은행잎들
지난날 모든 고뇌를 잊어버리고
감사하며 또 감사하며
알몸으로 나에게 다가오는가?

나만 잘되길 바라면 운이 돌아선다는 누군가의 말처럼
모두를 용서하고 모두를 사랑하는 마음으로
자랑스럽던 잎을 다 떨구는
너의 기도는 아름답구나

나를 떠난 사람들이 돌아온 것같아
눈물이 나는구나

———시 '은행나무밑에서' 전문

  모두들 짐작만 할 뿐 정확한 수령은 알 수 없는 거대한 은행나무 한 그루가 산밑에 서있다. 그밑에는 가을의 노란은행잎들이 마치 융단처럼 깔려있고, 그것을 바라보는 한 사람은 지나온 세월을 거슬러 가깝고도 먼시간 여행을 떠난다. 그리고 여러 가지 색깔로 채색된 감정의 뒤안길에서 모든 것을 수용하는 가을나무를 만난 화자는 마침내 눈물을 흘린다. 한 편의 강물같은 서사가 회화적으로 그려져 화자가 말하고자 하는 이미지가 도드라진다. 그야말로 시속에 그림이 들어있고, 그림속에 시가 있다.

  깊은 가을에도 은행나무가 푸른 잎을 달고 있으면 오히려 이상해 보이고, 누구나 철이 없다고 손가락질할 것이다. 그리하여 봄여름에 잘 키워 그늘을 제공해주던 나무는 '자랑스럽던' 푸른 잎들조차 노랗게 물들여 발밑으로 떨구면서 사람들을 가르친다. 손에 움켜쥐고있던 것들도 때가 되면 다 놓아버리라고. 노경의 화자는 그런 모습을 바라보면서 새삼 '너의 기도는 아름답구나', 라는 깨달음을 얻는다. 추락이 아니라 조용한 하강이 아름다운 이유가 바로 여기에 있다.

5. 죽음도 삶의 한 과정

  사람은

누구나 죽는다
순서가 없다

대신할 수도 경험할 수도 없는 죽음은
아무것도 가져가지 못한다고들 말한다

그러나
죽음은 끝이 아니라
하나의 과정이다

그대와 동행하는 영원한 삶
죽음은

——시 '죽 음 은' 전문

죽음이란 무엇인가? 이 근원적인 질문에 답할 자는 누구인가. 이미 세상에 잘 알려진 죽음에 관한 수많은 정의를 새삼 이자리에서 논할 바는 아니고, 시인은 인용 작품에서 '죽음은 끝이 아니라/하나의 과정이'며 우리와 '동행하는 영원한 삶'이라 한다. 덧붙여, 죽음은 아무도 대신하여 경험할 수 없다고 강조한다.

죽음은 늘 추상적이다. 눈에 보이는 타인의 죽음은 감각적이고 구체적인 현상일지 몰라도, 자신의 죽음만은 죽기 전까지는 결코 경험할 수 없기에 언제나 추상적이고 관념적이다. 그리고 그 경험만큼은 공유할 수 없어 추체험 또한 불가능한 일이다. 그럼에도 불구하고 죽음에 관한 잠언들이 그토록 많은 것은, 그만큼 살아있는 지금 여기의 삶이 중요하기 때문이다. 지금, 여기에서, 살아있는 삶을 살아야 하는 것은 실존의 문제이고, 죽음은 남아있는 우리들의 삶을 더욱 아름답고 의미 있도록 만들어주는 하나의 추동력이다. 화자는 죽음을 잊고 사는 우리들에게 그점을 환기시키고 싶은 것이다. '램프가 아직 불타고 있는 동안에 인생을 즐겁게 보내고, (그대여) 장미꽃이 시들기 전에 그것을 따라.'(요한 *M.* 우스테리)

6. 보이지않는 것들의 문

문아 열려라   <

소리치고 떠벌리면
더욱 닫히는 문

기다릴 때
침묵할 때
활짝 웃으며 조용히 열리는 문

닫힌 문 열려라
춤추며 열려라

바위속에 박혀있는
단단한 언어처럼
철문이 아닌 따스한 가슴의 문

보이지않는 문
마음의 문

──시 '보이지않는 門' 전문

고래로 중요한 것들은 잘 보이지않는다. 그 까닭에 형체를 알아보기 힘들고, 어쩌다 어렵게 그 실체를 파악했다 하더라도 그문을 열고 돌아가기는 더욱 어려울 것이다. 왜냐하면 모든 출입구에는 2중 3중의 비밀 번호와 그만의 고유한 코드가 숨어있기 때문이다. 마음의 문도 그중 하나다.

'보이지않는 문', 그중에서도 '마음의 문'을 열 수 있는 비결은 무엇일까. '철문'처럼 단단하게 닫힌 당신의 마음과 나의 마음을 무장해제 시키는 방법은 인용 시에 그대로 드러나 있다. 화자는 열어달라고 소리치고 떠벌릴수록 문은 더욱 굳게 닫히고, 침묵으로 조용히 기다릴 때 차갑게 닫혀있던 문들도 춤추듯 열리는 것이 세상의 이치라고 한다.

왜 아니겠는가. 매서운 바람과 뜨거운 태양아래 행인은 누구 앞에서 스스로 옷을 벗겠는가. 얻고 싶은 것이 있을 때는 초조해하지 말고, 태연한 자세로 그에 걸맞은 노력과 정성을 기울인다면 어느덧 그것은 당신 손안에 있을 것이다, 시인의 전언처럼.

◁

7. 당신의 요즘은 어떤지요

들꽃 하나 보지못하고
들바람 한번 맛보지못하고
논둑길 한번 걷지못하고

비질소리 새벽닭소리 새소리 풀벌레소리 먼기적소리 한 번
듣지못하고

마음속에 꽃 한 포기 나무 한 그루 심지못하고
사랑하는 이 불쌍한 이 한 번 생각못하고

요즈음은

─시 '요즈음은·1' 전문

시적 진술이 통절하다. 사막이 다 되어버린 우리들의 갈라진 마음밭이다. 요즘에 와서 그렇다면, 과거에는 그렇지 않았다는 의미가 될 수도 있다. 이유가 있을 것이다. 지금은 공동체의 미덕이 살아있던 마을을 지나 후기 산업화-정보화 사회가 되고, 극심한 경쟁에 내몰린 구성원들은 각자 도생의 길을 찾으면서 자신의 욕망에 충실한 사회가 되었다. 우리들은 자신의 욕망을 따른다고 생각하지만, 대부분의 경우에는 타자의 욕망을 뒤쫓고있는 것이다. 이런 현상을 두고, 일부 사회 학자들은 '욕망의 주체는 개인이 아니라 사회 전체를 이루고 있는 체계다'라고 진단한다. 그리고 우리들 개인은 거기에 꼼짝없이 매몰된 것이다.

그런 매몰된 구덩이에서 우리가 빠져나올 수 있는 처방은 오직 한 가지. 청맹과니와는 다르게, 때때로 뒤를 돌아보며 현재 자신의 위치와 상황을 알아채는 시적 화자가 위에서 나열하고 있는 것들을 실천하는 것이다. 들꽃-들바람-논둑길-비질소리-새벽닭소리-새소리-풀벌레소리-먼 기적소리 등을 듣고-맛보고-걷고-보는 것이다. 그리고 각자의 마음속에 한 그루의 꽃나무를 심어 물을 주고, 사랑하는 이-불쌍한 이를 한 번 더 생각하는 일이다.

8. 몸은 병의 온상

사람의 몸은 병의 온상이라는데
사랑하는 마음으로 감사하는 마음으로 용서를 빌면
황야에 푸른바람이 불어올까요

삶과 죽음은 아름다운 것
남을 미워하는 것은 나를 미워하는 것이요,
남을 위하는 일은 나를 위하는 일이라는 생각을 해봅니다
──시 '나는 누군가 · 1' 부분

'사람의 몸은 병의 온상'이라니, 이 대목에서 필자는 잠시 멈춘다. 생로 병사가 순서라면 '병'의 단계에 이르렀고, 온상이라는 어휘에서 우리의 (늙어가는) 몸에 찾아오는 병은 우연이 아니라 필연이라는 생각에서다. 젊을 때는 정신이 몸을 지배한다고 호기를 부리지만, 나이가 들면서 몸이 병들면 (몇몇을 제외하면) 대부분의 사람들은 생각이 바뀐다.

몸이 불편해지고 여러모로 육체적 한계를 느낄 때, 비로소 '나는 누구인가' 심각한 고민에 빠져든다. 마음이 몸을 일깨우는 것이 아니고, 거꾸로 몸이 마음을 일깨운다. 당신은 누구냐고, 그동안 어떻게 살아왔느냐고. 모두가 잠들어 있을 때, 홀로 잠들지 못하는 병든 육체가 지친 영혼의 어깨를 흔들어 깨운다. 그리하여 '사랑하는 마음으로 감사하는 마음으로 용서를 빌면', '삶과 죽음은 아름다운 것'이라는 경지에 이를까. 그리고 '남을 미워하는 것은 나를 미워하는 것'이고, '남을 위하는 일은 나를 위하는 일이라는 생각'까지 다다를 수 있을까. 생각이 깊어지는 고독한 시간이다. 하지만 화자처럼 병을 빌어 본래의 나를 되찾고 마음이 넓어질 수 있다면, 때로는 발병도 쓸모가 있으니 얼마나 다행한 일인가.

9. 소리를 본다

향기로운 바람처럼
음악이 흐릅니다   <

향기는 말없음입니다
말있음은 향기를 덜어내는 일입니다

조용히 혼자서 고요한 음악을 들으면서
소리없음이 아름답다는 생각을 합니다

꽃은 아무소리없이 핍니다
그래서
깜짝 놀랍니다

그대가
슬픔을 웃음으로 감추는 것처럼
소리없이

꽃이 피는소리를 보아요
그대의 슬픔은
어디에 있나요

———시 '꽃이 피는 소리' 전문

  이번 시집의 표제시로 올린 '꽃이 피는 소리'다. 아기가 태어날 때처럼 꽃이 피어날 때도 탄생의 울음이 있다면 마땅히 들어야할 텐데, 시적 화자는 듣는(청각) 대신 소리를 본다(청각). 그것은 '슬픔을 웃음으로 감추'고, '향기는 말없음'이기 때문이다. 마음의 눈으로 세상을 보는 觀音의 경지다. 나아가 침묵은 향기이고 수다는 향기를 덜어내는 일이다.

  화자는 '꽃이 아무 소리 없이' 피는 것을 목격하고 깜짝 놀란다. 우리 도처에 일상으로 일어나는 현상을 경이의 눈으로 바라보고 감동을 받는 것은 화자가 곧 시인이기 때문이다. 보통 사람들에게 꽃은 소리 없이 피는 것이다. 하지만 시인은 일상의 현상을 있는 그대로 진술하는 것이 아니라, 그것을 오히려 전복적으로 해석하고 새로운 사실을 발견함으로써 또 다른 세상을 창조하는 것이다. 상상력은 기존의 세계를 바꾸어 재편하고, 언어를 창조적으로 사용하면 기억의 형태가 달라지고 인식의 변화를 가져올 수 있다. 지금이라도 시인을 따라 조용히 피어나는 꽃이 피어나는 소리를 듣지 말고 한번 보시기를 권한다. <

지금까지 몇 개의 주요 키워드를 중심으로 작품속 시인의 세계관을 개괄적으로 살펴보았다. 꼭 위에서 언급된 작품이 아니더라도 시인은 다른 여러 시편에서 일상적인 자신을 넘어서서, 조금 거창하게 말하자면 자신을 초월하여 보다 가치있는 삶의 의미를 찾아내고자 그길을 실천하는 중이다. 그렇다고 두 발이 땅에 붙어있지않은 무중력의 상태를 추구하는 것은 아니고, 지금-여기에서-현재를 살아가면서 여러 장애물을 헤쳐나아가야하는 엄연한 현실 존재로서의 고민이 도처에 드러나 있다.

그러기 위해서 시인은 먼저 '눈을 감고/내 몸속에서 빠져나와'('눈을 감고') 자신을 객관화시키면서, '한밤중/거울속의'('나') 자신을 찾기도 하고, '나는 누군가'라는 연작시를 통해서 어제-오늘-내일의 자신을 돌아보고 있다. 이런 지난한 여정에는 '감사하는 마음'과 '사랑하는 마음' 그리고 간절한 '기도'는 필수적이며, 그는 때 묻지않은 원초적인 자연과 순수한 것들로부터 많은 위안과 살아갈 힘을 얻고 있다. 그리하여 작품속에 등장하는 새소리·산·눈물·숲·강·별·꽃·나무 등에서 '삶의 아름다움을'('바람이야기') 느끼고, 마침내는 '흙먼지 뒤집어쓴'('들꽃이 되리') 들꽃 한 송이에서도 버릴 것 없는 자연의 존재들을 확인하고는 눈물을 흘린다.

에즈라 파운드는 '詩는 일종의 마음이 불어넣어진 수학이어서 인간에 대한 방정식'이라고 했다. 우리들에게 많은 사유의 단초를 제공하는 그의 시편들은 때로는 에스프리가 반짝이고, 때로는 진지한 성찰을 유도하기도 하고, 감사하고 사랑하는 마음으로 기도를 하기도 한다. 그끝에는 서로 용서하고 용서 받는 구원의 시간이 기다리고 있을 것이다.

끝으로 이번 시집의 맨끝에 수록된 '기다리는 법'이라는 작품을 통해, 시인은 '돌속에 박혀있는 단단한 언어를 듣기 위해/기다리는 법을 배우기로 했다'며 더욱 단단해진 자신의 결의를 보여준다. 흙바람 부는 들판에서 정신적 가치를 중요하게 생각하며, 자신의 삶과 예술에 전심인 시인이 (이미 찾은 것 같지만) 자신만의 해답을 찾을 때까지 따뜻한 응원을 보낸다. 걸어온 길은 결국 모든 것을 기억할 테니까…

崔昌烈 - 약력

· 대전 출생.
· 호·陶艾.
· 1983. '現代詩學' 2회 추천 완료(천. 韓性祺).
· 한국 문협·한국 자유 문협·한국 시협·한국 현대 시협 회원.
· 서초 문협 부회장 역임.
· 시집 '말없음이 아름다운 시간에'(도서 출판 天山).
· 1982. '尹東柱 詩研究'.

· 주소·07648. 서울시 강서구 공항 대로 382.(화곡동 우장산 롯데캐슬@.) 301동 604호
· 전자 우편·changyeul04@naver.com(010-5449-0405).

天山 詩選 145

4358('25). 1. 22. 박음
4358('25). 1. 31. 펴냄

최 창 열 제2시집

꽃이 피는 소리

지은이	최 창 열
펴낸이	申 世 薰
잡은이	신 새 별
판본이	辛 宙 源
판든이	신 새 해
판든이	金 勝 赫
펴낸곳	도서 출판 天山

04623.서울시 중구 서애로 27(필동 3가). 서울 캐피털빌딩 302호 '自由文學' 출판부.
등록 1991.10.31. 제1-1269호

전자 우편·freelit@hanmail.net

ISBN 979-11-92198-17-0 03810   ☎02-745-0405 Ⓕ02-764-8905

*잘못된 책은 바꿔드립니다.   값 15,000원